당신이란 사람

당신이란 사람

발행일	2025년 10월 24일
지은이	김광련
펴낸이	손형국
펴낸곳	(주)북랩

출판등록 2004. 12. 1(제2012-000051호)
주소 서울특별시 금천구 가산디지털 1로 168, 우림라이온스밸리 B동 B111호, B113~115호
홈페이지 www.book.co.kr
전화번호 (02)2026-5777 팩스 (02)3159-9637

ISBN 979-11-7224-915-1 03810 (종이책) 979-11-7224-916-8 05810 (전자책)

잘못된 책은 구입한 곳에서 교환해드립니다.
이 책은 저작권법에 따라 보호받는 저작물이므로 무단 전재와 복제를 금합니다.
본 도서는 (주)북랩이 보유한 리코 인쇄 장비 등 자체 생산 인프라를 통해 제작되었습니다.

작가 연락처 문의 ▶ ask.book.co.kr
전용 게시판에 문의를 남기시면 저자에게 직접 전달됩니다.

(주)북랩 성공출판의 파트너
북랩 홈페이지와 SNS에서 다양한 출판 솔루션을 만나 보세요!

홈페이지 book.co.kr • **블로그** blog.naver.com/essaybook • **출판문의** text@book.co.kr
카톡채널 북랩

김광련 노랫말 시집

당신이란 사람

♪ 김광련 지음

시의 아름다움을 머금은
노래 가사 78선

작가의 말

가을비의 선율이 바람을 타고 내 귓불을 스치며 속삭여 줍니다.

잘 견디었다고, 잘 살았다고. 앞으로 행복한 일만 있을 거라고….

그래그래, 맞아, 고개를 끄덕여 봅니다. 뒤돌아보면 시처럼 노래처럼 살아온 것 같습니다. 남은 생도 더도 말고 덜도 말고 지금처럼만 살았으면 더할 나위 없이 좋겠습니다.

세월을 버무려 글로 담아낸 삶의 한 조각을 기록할 수 있도록 부족한 글에 아름다운 선율을 입혀주신 작곡가 선생님들과 노래의 날개옷을 입고 전국을 누비는 가수들께 감사 인사를 전합니다.

한평생 나의 나무가 되어 비바람을 온몸으로 막아준 옆지기와 행복의 울타리가 되어준 가족에게도 사랑과 감사의 마음을 전합니다.

2025년 귀뚜라미 절창하는 밤에
김광련

축하의 글

　김광련 작가는 대중음악의 음악성과 잠재력이 뛰어나고 현대에 알맞은 노랫말을 적절하게 잘 적는 시인이자 작사가다. 시인답게 창의력과 표현력이 살아 꿈틀거리는 활어처럼 신선하고 활기차다. 현실에 안주하지 않고 본인이 작사한 "당신이란 사람"을 직접 불러 음반과 함께 노랫말시집을 내는 걸 보니 끊임없이 자기 계발을 통해 발전하는 모습이 흐뭇하고 아름답다. 노랫말시집 출간을 축하드리며 작가의 앞날에 무궁한 발전을 빌며 아낌없는 힘찬 응원의 박수를 보낸다.

한기철(작곡가)

　김광련 시인은 시를 기초로 한 탄탄한 바탕 위에 쉽게 풀어쓰는 단어 구사 능력이 좋다. 특히 리듬감이 좋아 운율을 잘 맞춰 멜로디를 손쉽게 그릴 수 있어 작곡가 입장에서 선호할 수밖에 없다. 작사에 대한 열정도 많고 감성이 풍부해 한 마리 나비처럼 장르를 가리지 않고 다양한 소재의 글을 쏟아내고 있다. 좋은 에너지가 충만한 작가라 앞으로 장래가 촉망되는 작사가다.

최종혁(작곡가)

　가을 햇살 고운 날 옷깃을 스치는 갈바람에 설렘이 묻어나는 아름다운 이 계절에 김광련 시인의 두 번째 노랫말시집 출간 소식이 날아들어 무척 반갑고 진심으로 축하드립니다. 누구보다 열심히 꾸준한 작품 활동을 하시더니 이렇게 세상에 또 내어 놓네요. 김광련 시인은 대중가요를 잘 이해하고 있어 작곡가들이 곡을 붙이기 좋게 글을 아주 잘 적는 것 같습니다. 이번 노랫말에 실린 노래가 대중들에게 어필되어 많은 사랑을 받을 수 있기를 기원합니다.

김성봉(작곡가 겸 가수)

    김광련 작가님은, 마음은 시인으로 뿌리는 작사가로 생을 시처럼 노래처럼 묵묵히 살고 계시는 분이다. 바람이 불면 부는 대로 비가 오면 오는 대로 순리에 적응하면서 자기 삶을 주도적으로 살아내며 좋은 작품으로 우리를 매료시킨다. k팝의 아름다움을 널리 알리는 "꿈의 코포사", 상큼 발랄한 사랑 노래 "하이 하이" 이별의 슬픔을 노래한 "사랑과 이별"이라는 작품을 받아 즐겁게 노래하고 다닌다. 작가님은 내게 선물 같으신 분이다. 건강과 행복을 기원드립니다

조명재(가수 겸 노래강사)

    가을바람 소슬하니 조석으로 그리운 향이 풍겨오는 날 김광련 작가님의 두 번째 노랫말시집 출간이 무척이나 반갑습니다. 사계절 내내 변함없이 마음의 결이

고운 김광련 시인은 대중가요를 이해하고 다양한 소재의 글감이 멋진 노랫말로 탄생하여 따라 부르기 좋아 "태화강 국가정원", "사랑의 단비"가 전국 노래교실에서 인기몰이를 하고 있다. 언제나 지금처럼 매력적인 글로 세상을 더욱 아름답게 만들어 주시길 기대하며 축하의 박수를 보내 드립니다.

성희(가수 겸 노래강사)

한 사람을 알아 간다는 건 우주를 알아가는 과정이라고 합니다. 감사와 사랑이 많은 김광련 시인과의 인연은 제게 큰 행운이었습니다. 묘음보살의 경애로 늘 살아있는 자체가 행복이라는 걸 실천하시지요. 시와 노랫말을 창작하면서도 주변을 챙기며 현실 생활에도 지극한 정성은 소홀함이 없었습니다. 비바람이 불어도 눈보라가 치더라도 광련 언니를 만나는 순간 무지개 같은 행복한 세상이 되는 건 틀림없는 일이니까요. "달콤한 내 사랑", "사랑의 꽃"처럼 사랑합니다.

황지형(시인 겸 가수)

목차

작가의 말 ·5
축하의 글 ·6

발표곡
(작사 김광련 | 작곡 한기철)

01. 당신이란 사람(2025) 노래/연이 ·16
02. 찔레꽃 연가(2021) 노래/지향 ·18
03. 태화강 국가정원(2021) 노래/오미녀 ·20
04. 사랑과 이별(2021) 노래/조명재 ·22
05. 어이하나(2025) 노래/이혜선 ·23
06. 사랑아 내가 운다(2013) 노래/염수연 ·24
07. 미나리 같은 여자(2022) 노래/신미진 ·26
08. 내 사랑 언제까지나(2020) 노래/오선지 ·28
09. 사랑의 단비(2021) 노래/성희 ·30
10. 달콤한 내 사랑(2021) 노래/한송이 ·31
11. 자유부인(2022) 노래/채우리 ·32
12. 요요요(2013) 노래/최미주 ·34
13. 사랑의 꽃(2021) 노래/한송이 ·35
14. 하이 하이(2017) 노래/조명재 ·36
15. 꿈의 코포사(2020) 노래/신오로라 ·38

발표곡
(작사 김광련 | 작곡 최종혁)

01. 꽃은 봄을 사랑했지(2020) 노래/연이 ·40
02. 바람이어라(2013) 노래/한명숙 ·42
03. 벚꽃 지던 날(2017) 노래/초이 ·43
04. 한 조각 구름처럼(2017) 노래/초이 ·44
05. 이놈의 사랑(2020) 노래/수근 ·45
06. 한 번쯤 생각이 나면(2017) 노래/초이 ·46
07. 인생 그 뒤안길에서(2017) 노래/초이 ·48
08. 그대 생각에(2020) 노래/수근, 초이 ·50
09. 나의 연인이여(2020) 노래/한송월 ·52
10. 바람아 전해다오(2020) 노래/정음 ·53
11. 사랑하나 봐(2020) 노래/한송월, 유일 ·54
12. 후회(2020) 노래/한송월 ·6
13. 그대가 와요(2012) 노래/유일 ·58
14. 내 슬픔은(2020) 노래/김진평 ·59
15. 난 어쩌죠(2018) 노래/유일 ·60
16. 잘 된 거야(2018) 노래/유일 ·62
17. 몰라 몰라(2012) 노래/김진평 ·64
18. 미안합니다(2020) 노래/이경이 ·66
19. 애련(2020) 노래/이경이 ·68
20. 대단한 당신(2016) 노래/김완수 ·70
21. 인생아 울지 마(2020) 노래/신창섭 ·72
22. 당신이 좋아(2020) 노래/송월&창섭 ·74
23. 가버려(2020) 노래/이소원 ·76

발표곡
(작사 김광련 | 작곡 김성봉, 김백현, 정음, 윤도 그 외 다수)

01. 그대 그리다(2025) 노래/이수정 ·80
02. 당신은(2006) 노래/김성봉 ·82
03. 사랑합니다(2006) 노래/김성봉 ·83
04. 봉이야(2007) 노래/자운영, 김성봉 ·84
05. 내 남자(2022) 노래/송정임 ·86
06. 눈 내리는 날의 연가(2016) 노래/김백현 ·88
07. 추억 속의 그대(2016) 노래/김백현 ·89
08. 이별 후에(2016) 노래/김백현 ·90
09. 가장 행복한 여인(2009) 노래/이루리 ·92
10. 아띠(2013) 노래/박진희 ·93
11. 당신만은(2016) 노래/정음 ·94
12. 꽃길이 따로 있나(2024) 노래/노경희 ·96
13. 건강이 최고(2016) 노래/정음 ·98
14. 너만을 사랑해(2011) 노래/김지수 ·100
15. 나이트클럽에서(2011) 노래/김지수 ·102
16. 당신이 뭔데(2016) 노래/김진호 ·104
17. 바람의 여인(2018) 노래/윤도 ·105
18. 나 이제 슬프지 않아요(2014) 노래/이경이 ·106

미발표곡
(작사 김광련 | 작곡 한기철, 최종혁, 김성봉, 김창수, 박상훈)

01. 인생역 ·110
02. 사랑의 오작교 ·111
03. 사랑은 마술처럼 ·112
04. 얼컹 덜컹 ·114
05. 이왕이면 ·116
06. 양산아가씨 ·118
07. 여보게 친구 ·119
08. 하나뿐인 내 친구야 ·120
09. 그대에게 ·121
10. 언제나 내 편 ·122
11. 왔구나 왔어 ·124
12. 꽃의 소원 ·126
13. 영원한 사랑 ·127
14. 그런 사람 있습니다 ·128
15. 커피 향 같은 사람 ·130
16. 해와 달 ·131
17. 본드 같은 사랑 ·132
18. 사랑의 보증금 ·134
19. 당신이 약이야 ·136
20. 가슴에 묻을 사랑 ·138
21. 꽃잎에 눈빛 맞추며 ·140
22. 땡초 같은 여자 ·142

발표곡

작사 김광련

작곡 한기철

당신이란 사람

작사 김광련 | 작곡 한기철 | 노래 연이

당신이란 사람 보면 볼수록
믿음 있고 근사한 사람
당신이란 사람 알면 알수록
매력 있는 멋진 사람이야
외로운 내 가슴에
사랑의 꽃씨를 심어주고
어둡던 내 삶에 등불이 되어
행복한 길 밝혀주네
그건 아마 하늘이 내게 준 축복이야
내게 준 선물이야
이 세상 누구보다 그대를 사랑해
당신이란 사람은 보면 볼수록
보고 싶은 나만의 사랑
당신이란 최고의 사람

당신이란 사람 보면 볼수록

믿음 있고 근사한 사람

당신이란 사람 알면 알수록

매력 있는 멋진 사람이야

외로운 내 가슴에

사랑의 꽃씨를 심어주고

어둡던 내 삶에 등불이 되어

행복한 길 밝혀주네

그건 아마 하늘이 내게 준 축복이야

내게 준 선물이야

이 세상 누구보다 그대를 사랑해

당신이란 사람은 보면 볼수록

보고 싶은 나만의 사랑

당신이란 최고의 사람

찔레꽃 연가

작사 김광련 | 작곡 한기철 | 노래 지향

탱자나무 울타리 정겨운 내 고향
지금쯤 하얀 찔레꽃 피어있겠지
꽃반지를 끼워주며 웃던 그 머스마
귓가엔 어느새 서리꽃 피어있겠지
아아 그리워라 가고파라
소꿉놀이하던 철없던 그 시절
지금은 어느 하늘 아래 살고 있는지
해가 가고 달이 가도 돌아올 줄 모르네

산까치 노래하는 그리운 내 고향
지금쯤 하얀 찔레꽃 피어있겠지
꽃 편지를 전해주며 웃던 그 가시내
눈가엔 어느새 주름 꽃 피어있겠지
아아 그리워라 보고파라
술래잡이하던 철없던 그 시절
지금은 어느 하늘 아래 살고 있는지
해가 가고 달이 가도 돌아올 줄 모르네
봄이 오고 꽃이 피면 돌아오면 좋겠네
돌아오면 좋겠네

태화강 국가정원

작사 김광련 | 작곡 한기철 | 노래 오미녀

푸른 물결 춤을 추는
태화강 국가정원에서
꽃처럼 어여쁜 그대를 만나고
꿈에도 그리던 사랑을 알았네
오색 등불 찬란한
은하수 다리를 정답게 걸어갔죠
태화강 태화루에 해가 뜨면
우리의 사랑이 우리의 약속이
태화강 물결 따라 깊어만 가네
아아 양귀비꽃처럼 아름다운 사랑이여
두 가슴에 영원하리라

사계절 꽃이 피는

태화강 국가정원에서

별처럼 빛나는 그대를 만나고

꿈에도 그리던 사랑을 알았네

떼까마귀 날아든

은하수 다리를 정답게 걸어갔죠

십 리 대밭 길에 달이 뜨면

우리의 사랑이 우리의 약속이

태화강 물결 따라 깊어만 가네

아아 양귀비꽃처럼 아름다운 사랑이여

두 가슴에 영원하리라

두 가슴에 빛이 되리라

사랑과 이별

작사 김광련 | 작곡 한기철 | 노래 조명재

그대 처음 내게 오실 때는
설레임 한아름 싣고 오셨죠
그대 내게 등 돌려 가는 지금
슬픔이 파도처럼 밀려오네요

그댄 줄기가 되고 난 잎이 되어
아름다운 꽃 피우자던 그 약속
하얗게 사라져 가버리고
그저 뜨거운 눈물만이
흐르고 또 흐르네요

아 이제 어느 누가 있어
이 슬픔 감싸주나요
아 이제 어느 누가 있어
내 눈물 닦아주나요

어이하나

작사 김광련 | 작곡 한기철 | 노래 이혜선

어이하나 어이하나
그리운 이 마음 어이하나

달빛 따라 살며시 찾아오신 님
보고 싶은 이내 마음 아셨나 봐요

정한수 한 사발에
오매불망 님 그리워

꿈길 따라 살며시 내게 오신 님
단장하고 어여쁘게 맞이할까나

그 님이 좋아라 행복해라
그 님이 마냥 좋아라

사랑아 내가 운다

작사 김광련 | 작곡 한기철 | 노래 염수연

사랑아 사랑아 내 사랑아
네가 보고 싶어 내가 내가 운다
사랑아 사랑아 내 사랑아
너를 못 잊어 내가 내가 운다
하루에도 수없이 보고픈 마음에
네 사진을 보면서 그리움 달래어봐도
너무나 뜨겁게 사랑했던 그 시절
다시 한번 내게로 돌아오면 좋겠네
사랑아 사랑아 내 사랑아
꿈이라도 좋으니 꼭 한번 보고 싶구나

사랑아 사랑아 내 사랑아
네가 보고 싶어 내가 내가 운다
사랑아 사랑아 내 사랑아
너를 못 잊어 내가 내가 운다
하루에도 수없이 보고픈 마음에
네 사진을 보면서 그리움 달래어봐도
너무나 뜨겁게 사랑했던 그 시절
다시 한번 그 사랑 돌아오면 좋겠네
사랑아 사랑아 내 사랑아
꿈이라도 좋으니 꼭 한번 보고 싶구나

미나리 같은 여자

작사 김광련 | 작곡 한기철 | 노래 신미진

모진 비바람을 나 홀로 견디며
향기를 피우는 여자
연보랏빛 순정을 나에게 주며
사나이 가슴에 불을 당기네
하늘하늘 내 가슴에 안기어
사랑을 속삭이는 여자
여린 잎새처럼 마음씨도 고운
내가 내가 사랑한 여자
상큼하고 재치 있는 미나리 같은 여자

모진 비바람을 나 홀로 견디며
향기를 피우는 여자
연보랏빛 순정을 그에게 주며
여인의 가슴에 꽃을 피우네
하늘하늘 내 가슴에 안기어
사랑을 속삭이는 여자
여린 잎새처럼 마음씨도 고운
내가 내가 사랑한 여자
상큼하고 재치있는 미나리 같은 여자

내 사랑 언제까지나

작사 김광련 | 작곡 한기철 | 노래 오선지

가랑비에 옷 젖듯이 어느새

그대에게 빠져 버렸어

마주 보는 눈빛이 어느새

사랑으로 가득 차 있네

사랑 사랑 향기로운 꽃잎처럼

어여쁜 내 사랑 언제 언제까지나

사랑 사랑 타오르는 불꽃처럼

뜨거운 내 사랑 언제 언제까지나

잠시 잠깐만이라도

내 곁에서 멀어지지 말아요 내 사랑

가랑비에 옷 젖듯이 어느새
그대에게 빠져 버렸어
마주 보는 눈빛이 어느새
사랑으로 가득 차 있네
사랑 사랑 향기로운 꽃잎처럼
어여쁜 내 사랑 언제 언제까지나
사랑 사랑 타오르는 불꽃처럼
뜨거운 내 사랑 언제 언제까지나
잠시 잠깐만이라도
내 곁에서 멀어지지 말아요 내 사랑
오오오오 오오오오 내 사랑 사랑아 사랑아

사랑의 단비

작사 김광련 | 작곡 한기철 | 노래 성희

단비 단비 단비를 뿌려주세요
한 여름밤의 소낙비처럼 적셔주세요

그대 나의 사랑을 받아주세요
사랑의 단비로 내 가슴 영원히 적셔주세요

그대가 던져 놓은 사랑의 불씨
삭막한 내 가슴에 꽃 피었어요

어쩜 좋아요 하루 종일 온통 그대 생각뿐
처음 본 그 순간부터 사랑했어요

단비 단비 단비를 뿌려주세요
오직 그대 사랑만이 필요합니다

달콤한 내 사랑

작사 김광련 | 작곡 한기철 | 노래 한송이

아침에 눈을 뜨면 모닝 키스로
정겨운 사랑의 인사를 해요

저녁에 눈 감아도 예쁜 미소로
따뜻한 사랑의 인사를 해요

당신은 내 반쪽 영원한 내 반쪽
눈빛만으로 손짓만으로
당신 마음 알 수 있죠

당신은 내 사랑 영원한 내 사랑
찰떡처럼 꿀떡처럼 달콤한 내 사랑

세월이 흘러도 언제나 변함없이
새콤달콤한 내 사랑입니다
내 사랑입니다 내 사랑입니다

자유부인

작사 김광련 | 작곡 한기철 | 노래 채우리

자 가자 나는야 자유부인
지금부터 장밋빛 내 인생 멋지게 살 거다
자 가자 이제부터 나는야 자유부인
누구에게 구속받지 않고 즐겁게 살 거다
가는 세월 막을 수는 없지만
마음은 이팔청춘 꽃띠란다
새빨간 립스틱에 빨간 구두 신고
달콤한 사랑을 꿈꾸는 여자
자 가자 사랑의 꽃길 걸으며
자유를 만끽하는 나는야 자유부인

자 가자 나는야 자유부인

지금부터 장밋빛 내 인생 멋지게 살 거다

자 가자 이제부터 나는야 자유부인

누구에게 구속받지 않고 즐겁게 살 거다

가는 세월 막을 수는 없지만

마음은 이팔청춘 꽃띠란다

새빨간 립스틱에 빨간 구두 신고

달콤한 사랑을 꿈꾸는 여자

자 가자 사랑의 꽃길 걸으며

자유를 만끽하는 나는야 자유부인

자 가자 사랑의 꽃길 걸으며

자유를 만끽하는 즐거운 내 인생

쇼핑도 하고 여행도 가는 나는야 자유부인

나는야 자유부인

요 요 요

작사 김광련 | 작곡 한기철 | 노래 최미주

요요요요 예쁜 내 사랑
오늘 밤 내게로 와요
당신은 나비 되고 나는 꽃이 되어

요요요요 고운 내 사랑
뜨겁게 사랑해줘요
가슴은 두근두근 얼굴은 화끈화끈

별빛처럼 꽃잎처럼 어여쁜 그대는
요리보고 조리 봐도 둘도 없는 내 사랑
잠시라도 떨어져선 살 수 없는 내 사랑

요요요요 예쁜 내 사랑
나만을 사랑해줘요
이 세상 다하도록 난 그댈 사랑해

사랑의 꽃

작사 김광련 | 작곡 한기철 | 노래 한송이

아무도 눈길 주지 않는 들꽃이라지만
당신 앞에 서면 아름다운 꽃이랍니다
향기로운 꽃이랍니다
바람에 이리저리 나부끼는 들꽃이지만
당신 눈길 당신 손길 한 번으로 날아올라
불타는 저 태양처럼 빛나는 저 별빛처럼
영원히 시들지 않는 사랑의 꽃이랍니다

아무도 눈길 주지 않는 들꽃이라지만
당신 앞에 서면 아름다운 꽃이랍니다
향기로운 꽃이랍니다
바람에 이리저리 나부끼는 들꽃이지만
당신 눈길 당신 손길 한 번으로 날아올라
불타는 저 태양처럼 빛나는 저 별빛처럼
영원히 시들지 않는 사랑의 꽃이랍니다
당신의 꽃이랍니다 사랑의 꽃이랍니다

하이 하이

작사 김광련 | 작곡 한기철 | 노래 조명재

Hi Hi Hi Hi 그대를 만난
오늘 밤 별빛 고운 밤이에요
Hi Hi Hi Hi 사랑이 싹트는
오늘 밤 달빛 고운 밤이에요

어화둥둥 내 사랑
어디 갔다 이제 왔나요
어화둥둥 내 사랑
무엇하다 이제 왔나요

사랑 사랑 그 어떤 사랑도
내 사랑 내 사랑만 못해요
요리조리 살펴보면 너무나 잘 생겨
당신이 최고 정말 최고야

Hi Hi Hi Hi 그대를 만난
오늘 밤 정말 멋진 밤이에요

꿈의 코포사

작사 김광련 | 작곡 한기철 | 노래 신오로라

우리들의 꿈과 사랑이
넘치는 아름다운 곳
생각이 꿈이 되고
현실이 되는 꿈의 코포사

너와 나 두 손
마주 잡고 노래를 부르세
희망의 꽃수레에
행복을 싣고 노래를 부르세

아아 세계로 뻗어가는
아름다운 코포사
아아 사랑이 가득한
우리의 코포사
길이길이 빛나리라
우리의 코포사

발표곡

작사 김광련

작곡 최종혁

꽃은 봄을 사랑했지

작사 김광련 | 작곡 최종혁 | 노래 연이

분다 바람이 분다
목련꽃 피는 소리가
요란하더니
얄미운 봄바람
향기만 두고 가버렸다

간다 봄날이 간다
간밤에 내린 비가
꽃잎 떨어내더니
앞가슴 헤집고
그리움만 두고 가버렸다

탄다 가슴이 탄다
뻐꾸기 구슬피 우는
봄 여울목
넋이 나간 여자
마른 꽃이 되어 서 있다

바람이어라

작사 김광련 | 작곡 최종혁 | 노래 한명숙

난 바람이어라
작은 바람이어라
숨어 소리만 내는 바람이어라

난 바람이어라
외로운 바람이어라
스쳐 지나가는 바람이어라

인생도 사랑도
바람 따라 세월 따라
소리 없이 흘러가는 거

오늘도 가련한
내 영혼은 바람 따라
너울거리며 춤을 춘다

벚꽃 지던 날

작사 김광련 | 작곡 최종혁 | 노래 초이

불꽃처럼 살다가
눈같이 사라진 꽃이여
나 그 꽃물 받아먹고
황홀한 기쁨을 노래하리오

떠나는 뒷모습이
더욱 아름다운 꽃이여
나 그 꽃잎 살라 먹고
이별의 아픔을 노래하리오

봄날을 기약하며
흔적 없이 사라진 꽃이여
나 그 고운 추억 갉아먹고
찬란한 슬픔을 노래하리오

한 조각 구름처럼

작사 김광련 | 작곡 최종혁 | 노래 초이

그대 수많은 인연으로 인해
슬퍼하거나 괴로워하지 말아라
어차피 인생이란
홀로 왔다 홀로 가는 거

번뇌 망상에 사로잡힌 영혼
가지 말아야 할 길을
너무 가버린 건 아닌지
되돌아갈 길조차 알 수가 없어

어디서 왔다가 어디로 가는가
형체도 모양도 없는 것이
어느 곳을 헤매고 다니는지
마음 한 조각 구름처럼 떠도네

이놈의 사랑

작사 김광련 | 작곡 최종혁 | 노래 수근

사랑이 무너지더니 이별이 찾아오더라
빛바랜 사진처럼 희미해져 가더라

사랑이 무너져도 이별이 찾아와도
기억 속에서 잊혀진 건 아니지

이놈의 사랑은 말하지 않아도
생각하지 않아도 떠오르는 이놈의 사랑

길을 가다가 널 닮은 모습만 보아도
차를 마시다 널 닮은 목소리만 들어도
이놈의 사랑 눈물만 흐른다

한 번쯤 생각이 나면

작사 김광련 | 작곡 최종혁 | 노래 초이

바라보면 가슴 저미는
사람이 있습니다
한없이 가슴 아픈
잊고자 하면 더욱 생각나는
그리워 입술 깨물어도
안타까운 사랑입니다

비 내리면 떠오르는
연가의 주인공입니다
애타게 불러도 알 수 없는
그리워도 만날 수 없는
자꾸만 보고 파도
이젠 그만 잊어야 합니다

남몰래 눈물 흘리게 만든
아름다운 사람입니다
떠나는 뒷모습조차
따스하게 안아 준 사람
한 번쯤 생각이 나면
추억 속으로 걸어갑니다

인생 그 뒤안길에서

작사 김광련 | 작곡 최종혁 | 노래 초이

꽃 같은 내 모습 어디 가고
어느새 백발이 무성하네
꽃 같은 내 청춘 어디 가고
어느새 추풍낙엽 되었네
돌아보면 굽이굽이 수많은 사연
정겨운 친구들 하나둘 떠나가고
나만 홀로 추억하네
아 바람만 불어도 쓸쓸하네
아 노을만 봐도 눈물이 난다
어느 누가 있어 나의 친구 될까
어느 누가 이 마음을 알아줄까

불꽃 같은 내 인생 어디 가고
어느새 연기처럼 사라지네
불꽃 같은 내 사랑 어디 가고
어느새 구름처럼 흩어지네
행복했던 지난 시절 함께한 사람
주마등처럼 하나둘 스쳐 가고
나만 홀로 추억하네
아 바람만 불어도 쓸쓸하네
아 노을만 봐도 눈물이 난다
어느 누가 있어 나의 친구 될까
어느 누가 이 마음을 알아줄까

그대 생각에

작사 김광련 | 작곡 최종혁 | 노래 수근

다시는 울지 않으리 수없이 다짐을 해도
이렇게 바람이 불면 자꾸만 눈물이 나요
아 떨어지는 낙엽을 보면
아 부서지는 여자의 마음
온몸은 저 노을처럼 검붉게 불타오르고
가을은 그리움으로 깊어만 간다
바람이 불면 잠 못 들어요
낙엽이 지면 눈물이 나요

술 한잔 마셔보아도 노래를 불러보아도
이렇게 비가 내리면 그대가 생각이 나요
아 길 떠나는 나그네처럼
아 그댈 찾아 떠나고 싶어
온몸은 저 노을처럼 검붉게 불타오르고
가을은 그리움으로 깊어만 간다
비가 내리면 잠 못 들어요
그대 생각에 눈물이 나요

나의 연인이여

작사 김광련 | 작곡 최종혁 | 노래 한송월

부드러운 그대의 음성 시가 되어
이 가슴속 깊이 물들이고
뜨거운 그대의 숨결 노래 되어
이 마음 황홀하게 합니다

아 사랑스런 나의 연인이여
이 가슴 뛰는 날까지 사랑합니다
아 사랑스런 나의 연인이여
이 목숨 다할 때까지 사랑합니다

은은한 향기에 빠져버린 나의 영혼
행복의 미소 절로 번지고
달콤한 그대의 속삭임에 나의 뺨은
연분홍 꽃으로 피어납니다

바람아 전해다오

작사 김광련 | 작곡 최종혁 | 노래 정음

흘러가는 저 구름처럼 그대 어디로 갔나
흘러가는 저 강물처럼 그대 어디로 갔나
바람 따라 내 마음도 그대 따라 가고파
가다 보면 우리 다시 만나게 될까요
아 바람아 바람아 전해다오
그리운 이 마음을 물망초 같은 이 마음을

강남 갔던 저 제비처럼 다시 돌아온다면
싱그러운 저 꽃잎처럼 나는 피어날 거예요
바람 따라 내 마음도 그댈 따라 가고파
꿈속이라도 정말 그댈 만나고 싶어요
아 바람아 바람아 전해다오
변치 않는 이 마음을 소나무 같은 이 마음을

사랑하나 봐

작사 김광련 | 작곡 최종혁 | 노래 한송월

당신이 왜 좋은지 난 알 수 없어요
보기만 해도 얼굴 달아오르고
가슴이 두근거려요
당신의 어디가 좋은지 난 알 수 없어요
생각만 해도 기분 좋아지고
세상이 아름다워요
아 사랑하나 봐 좋아하나 봐
해맑은 당신의 미소를
아 사랑하나 봐 좋아하나 봐
정겨운 당신의 눈빛을
사랑한다 말해주세요 나만을 사랑한다고
사랑한다 말해주세요 영원히 사랑한다고

당신이 왜 미운지 난 알 수 없어요
사소한 일에도 자꾸 서운하고
눈물이 나려고 해요
당신의 어디가 미운지 난 알 수 없어요
말 한마디에도 괜히 신경 쓰이고
예민하게 반응해요
아 사랑하나 봐 좋아하나 봐
해맑은 당신의 미소를
아 사랑하나 봐 좋아하나 봐
정겨운 당신의 눈빛을
사랑한다 말해주세요 나만을 사랑한다고
사랑한다 말해주세요 영원히 사랑한다고
아 사랑하나 봐 좋아하나 봐
아 사랑하나 봐 좋아하나 봐

후회

작사 김광련 | 작곡 최종혁 | 노래 한송월

미워졌다고 마음에도 없는 소리를 했지
나 맘속으로 얼마나 울었는지 몰라
싫어졌다고 이제 그만 헤어지자고 했지
나 돌아서서 얼마나 후회했는지 몰라
내 마음 들킬까 봐 먼 하늘만 쳐다보았어
넋이 나간 사람처럼 헤매고 다녔어
잘못했다고 문자라도 볼까
보고 싶다고 편지라도 보내볼까
아니아니 용서하지 않으면 어떡하지

오늘 밤 자고 나면 괜찮겠지 생각했지만
눈을 뜨자 또 네 생각 나 눈물로 보냈어
잘못했다고 문자라도 볼까
보고 싶다고 편지라도 보내볼까
아니아니 용서하지 않으면 어떡하지
잘못했다고 문자라도 볼까
보고 싶다고 편지라도 보내볼까
아니아니 용서하지 않으면 어떡하지

그대가 와요

작사 김광련 | 작곡 최종혁 | 노래 유일

푸른 언덕에 앉아 있으면
눈부신 햇살 같은 그대가 보여요
파란 하늘을 보고 있으면
뭉게구름 속에 그대가 있어요

저 하늘은 내 마음을 알고 있나 봐요
실바람 타고 그대가 와요
저 하늘은 내 마음을 알고 있나 봐요
고운 미소를 지으며 와요

랄라라 내 가슴에 복사꽃이 피어나요
랄라라 내 가슴이 풍선처럼 부풀어요

내 슬픔은

작사 김광련 | 작곡 최종혁 | 노래 김진평

아무것도 바라지 않아
너만 내 곁에 있어 준다면 난 행복한데
아무것도 원하지 않아
네 곁에 있을 수만 있다면 난 행복한데

소박한 나의 꿈이 왜 너에겐 사치인지
잔잔한 네 미소가 나에겐 보석인데
간절한 나의 사랑이 너에겐 사치인지
은은한 네 눈빛이 나에겐 보석인데

내 슬픔이 네 슬픔이 아니라는 사실이
나를 슬프게 해 아프게 해
내 기쁨이 네 기쁨이 아니라는 사실이
나를 슬프게 해 나를 아프게 해

난 어쩌죠

작사 김광련 | 작곡 최종혁 | 노래 유일

난 어쩌죠 난 어떻게 하죠
그대를 잊을 수 있는 것 같았는데
아니 그대를 잊었다고 생각했는데
아닌가 봐요 정말 아닌가 봐요
나 이렇게 그댈 찾아 헤매고 있어요
비가 와도 별빛만 봐도 눈물이 나요
아 난 어쩌죠 어떻게 하죠
아직도 난 그댈 사랑하는데
아 난 어쩌죠 어떻게 하죠
그대가 나를 영영 잊어버렸다면

나 오늘도 추억 속에 헤매고 있어요

눈이 와도 달빛만 봐도 눈물이 나요

아 난 어쩌죠 어떻게 하죠

아직도 난 그댈 사랑하는데

아 난 어쩌죠 어떻게 하죠

그대가 나를 영영 잊어버렸다면

잘 된 거야

작사 김광련 | 작곡 최종혁 | 노래 유일

나 아닌 다른 사람 만나서 행복하니
나보다 멋진 거니 어디가 좋은 거니
나 아닌 다른 사람 만나서 즐거웠니
나보다 매력 있니 얼마나 잘해주니
지금 뭐라고 했니 그만 헤어지자고
어떻게 내게 그런 말 할 수가 있니
그래그래 잘됐어 잘 된 거야
이쯤에서 안녕하는 것이 속 편한 거야

나 아닌 다른 사람 만나서 행복하니
나보다 멋진 거니 어디가 좋은 거니
나 아닌 다른 사람 만나서 즐거웠니
나보다 매력 있니 얼마나 잘해주니
붙잡지 않겠어 우린 여기까지인가 봐
그동안 고마웠단 말하지 않겠어
그래그래 잘됐어 잘 된 거야
그런데 바보처럼 눈물이 왜 나오는 거야

몰라 몰라

작사 김광련 | 작곡 최종혁 | 노래 김진평

몰라 몰라 당신은 몰라
내가 얼마나 사랑하는지
몰라 몰라 당신은 몰라
내가 얼마나 아파하는지
시간이 지나면 알아주려나
세월이 흐르면 알아주려나
당신의 눈빛만 봐도 행복한데
당신의 미소만 봐도 행복한데
몰라 몰라 당신은 몰라
내가 얼마나 좋아하는지
몰라 몰라 당신은 몰라
내가 얼마나 그리워하는지

시간이 지나면 받아주려나
세월이 흐르면 받아주려나
당신의 얼굴만 봐도 행복한데
당신의 모습만 봐도 행복한데
몰라 몰라 내 마음 몰라
내가 어떻게 말해야 하는지
몰라 몰라 내 마음 몰라
내가 어떻게 표현해야 하는지
몰라 몰라 당신은 몰라
내가 얼마나 좋아하는지
몰라 몰라 당신은 몰라
내가 얼마나 그리워하는지

미안합니다

작사 김광련 | 작곡 최종혁 | 노래 이경이

미안합니다 날 사랑하지 말아요
그대만을 사랑하지 못한 죄인입니다
매일 밤 기다리고 기다렸지요
바람결에 그대 소식 들을까
시간이 흘러 사랑도 변해
새로운 사람이 생겼습니다
미안합니다 끝까지 기다리지 못해서
미안합니다 사랑하지 못해서

미안합니다 날 용서하지 말아요
그대 사랑받을 수 없는 죄인입니다
가로등 불빛 아래 기다렸지요
그대 그림자라도 볼 수 있을까
시간이 흘러 사랑도 변해
새로운 사람이 생겼습니다
미안합니다 끝까지 기다리지 못해서
미안합니다 사랑하지 못해서

애련

작사 김광련 | 작곡 최종혁 | 노래 이경이

어찌하실 건가요
아니 나 어떻게 할까요
그리움에 목멘 가슴은
숨을 쉴 수가 없는데
어찌하실 건가요
아니 나 어떻게 할까요
이토록 가슴이 저려와
죽을 것만 같은데
바라만 보는 사랑
이렇게 힘들 줄 몰랐어요
가슴에 담고 있으면
마냥 행복한 줄 알았어요
오 내 사랑 그대여
나의 사랑 받아주소서
나날이 야위어 가는
이 몹쓸 병을 고쳐주소서

어찌하실 건가요

아니 나 어떻게 할까요

외로움에 목멘 가슴은

숨을 쉴 수가 없는데

어찌하실 건가요

아니 나 어떻게 할까요

이토록 가슴이 아파와

죽을 것만 같은데

그리워하는 사랑

이렇게 힘들 줄 몰랐어요

가슴에 품고 있으면

마냥 행복한 줄 알았어요

오 내 사랑 그대여

나의 사랑 받아주소서

받아 줄 수 없다면

차라리 내 심장에 총을 쏴주오

대단한 당신

작사 김광련 | 작곡 최종혁 | 노래 김완수

미소만으로 내 영혼 뺏아 가버린
당신은 대단한 사람입니다
눈길만으로 이 마음 잠 못 들게 한
당신은 대단한 사람입니다
정겨운 목소리 달콤한 그 향기에
시린 가슴 뜨겁게 녹아내리고
길도 없는 꿈길 찾아와
그리움에 눈물짓게 하는 당신
오랜 세월이 흐른 지금에도 그 마음
변치 않는 당신 대단한 당신입니다

오직 나만을 아끼고 사랑해 주는
당신은 대단한 사람입니다
한밤중에도 보고 싶다 달려오는
당신은 대단한 사람입니다
정겨운 목소리 달콤한 그 향기에
시린 가슴 뜨겁게 녹아내리고
길도 없는 꿈길 찾아와
반가움에 가슴 뛰게 하는 당신
오랜 세월이 흐른 지금에도 그 마음
변치 않는 당신 대단한 당신입니다

인생아 울지 마

작사 김광련 | 작곡 최종혁 | 노래 신창섭

인생이 뭐 별거더냐 사랑이 뭐 별거더냐
그깟 인생 때문에 그깟 사랑 때문에
울긴 왜 울어
괴로우면 괴로운 대로 슬프면 슬픈 대로
술 한 잔 마시면서 너털웃음 웃어보자
인생아 울지 마라 사랑아 울지 마라
세상만사 내 뜻대로 되질 않잖아
살다 보면 언젠가 무지개 뜨겠지

남자가 뭐 별거더냐 여자가 뭐 별거더냐
그깟 남자 때문에 그깟 여자 때문에
울긴 왜 울어
좋으면 좋은 데로 싫으면 싫은 데로
노래 한 곡 부르면서 너털웃음 웃어보자
인생아 울지 마라 사랑아 울지 마라

세상만사 내 뜻대로 되질 않잖아
살다 보면 언젠가 사랑이 오겠지

인생이 뭐 별거더냐 사랑이 뭐 별거더냐
그깟 인생 때문에 그깟 사랑 때문에
울긴 왜 울어
괴로우면 괴로운 대로 슬프면 슬픈 대로
하늘 한 번 쳐다보며 너털웃음 웃어보자
인생아 울지 마라 사랑아 울지 마라
세상만사 내 뜻대로 되질 않잖아
살다 보면 언젠가 무지개 뜨겠지

당신이 좋아

작사 김광련 | 작곡 최종혁 | 노래 송월&창섭

당신이 좋아 어쩌면 좋아
내 가슴이 콩닥콩닥
당신이 좋아 정말로 좋아
내 가슴이 쿵덕쿵덕
보고 보고 또 봐도 싫지 않은 내 사랑
우리 함께 살아요 행복하게 살아요
당신이 좋아 어쩌면 좋아
내 가슴이 살랑살랑
당신이 좋아 정말로 좋아
내 가슴이 두근두근
보고 보고 또 봐도 보고 싶은 내 사랑
오손도손 살아요 사이좋게 살아요
당신은 줄기 되고 나는 잎이 되어
아름다운 꽃을 피워요
산새 들새 찾아와 노래 부르는
그림 같은 집을 지어요

당신이 좋아 어쩌면 좋아

내 가슴이 살랑살랑

당신이 좋아 정말로 좋아

내 가슴이 두근두근

보고 보고 또 봐도

보고 싶은 내 사랑

오손도손 살아요 사이좋게 살아요

당신은 왕자 되고 나는 공주 되어

아름다운 성을 지어요

별님 달님 찾아와 노래 부르는

동화 같은 집에 살아요

당신이 좋아 어쩌면 좋아

내 가슴이 살랑살랑

당신이 좋아 정말로 좋아

내 가슴이 두근두근

가버려

작사 김광련 | 작곡 최종혁 | 노래 이소원

가버려 가버려 가버려 아주 멀리멀리
두 번 다시 널 사랑하지 않아
가버려 가버려 가버려 아주 멀리멀리
두 번 다시 널 기다리지 않아
사랑한다 달콤한 그 속삭임도
이젠 내게 아무런 의미가 없어
한때는 죽도록 사랑했지만
이제 다시는 사랑하지 않아

가버려 가버려 가버려 아주 멀리멀리
두 번 다시 널 보고 싶지 않아
사랑한다 달콤한 그 속삭임도
이젠 내게 아무런 의미가 없어
한때는 죽도록 사랑했지만
이제 다시는 사랑하지 않아
가버려 가버려 가버려 아주 멀리멀리
두 번 다시 날 찾아오지 마
두 번 다시 널 보고 싶지 않아

발표곡

작사 김광련

작곡 김성봉, 김백현, 정음, 김기범, 윤도 그 외 다수

그대 그리다

작사 김광련 | 작곡 김성봉 | 노래 이수정

그대 그리다 그리다
아무도 찾아오지 않는 깊은 산속에
홀로 핀 들꽃이 되어
먼 훗날 그대 내게 돌아오는 날
난 어여쁜 이름을 가진
아름다운 꽃이 되어
향기롭게 활짝 꽃피우리라 꽃피우리라
그대 그리다 그리다 아름다운 꽃이 되리라

그대 기다리다 기다리다
아무도 눈길 주지 않는 텅 빈 들판에
홀로 서 있는 나무 되어
먼 훗날 그대 내게 돌아오는 날
난 풍성한 열매를 맺는
사랑의 나무가 되어
초록 들판 가득 꽃피우리라 꽃피우리라
그대 기다리다 기다리다 아름다운 꽃이 되리라

당신은

작사 김광련 | 작곡 김성봉 | 노래 김성봉

술잔 속에 가물거리는
당신은 잊을 만하면 찾아와
그리움만 심어주고
가버린 무정한 사람

사랑도 우정도 아닌
당신은 생각나면 찾아와
내 가슴 휘저어 놓고
가버린 얄미운 사람

내 맘 깊은 곳에 있는 당신
다가설 수도 없는
떨쳐 버릴 수도 없는
그림자 같은 사람

사랑합니다

작사 김광련 | 작곡 김성봉 | 노래 김성봉

그립다는 말로는
내 사랑을 전하지 못하고
사랑한다 말로도 내 마음 표현하지 못해도
사랑합니다 사랑합니다
당신을 사랑합니다
흔한 게 사랑이라지만 내겐 너무 소중해
영원히 잊을 수 없는 말 사랑합니다

보고 싶다는 말로는
내 사랑을 전하지 못하고
좋아한다 말로도 내 마음 표현하지 못해도
사랑합니다 사랑합니다
당신을 사랑합니다
흔한 게 사랑이라지만 내겐 너무 소중해
영원히 잊을 수 없는 말 사랑합니다
사랑합니다

봉이야

작사 김광련 | 작곡 김성봉 | 노래 자운영

봉봉봉 봉이야 봉봉봉 봉이야
이리저리 둘러봐도
그런 남자 다시없어 봉봉봉 봉이야
눈을 씻고 찾아봐도
그런 남자 정말 없어
당신은 내 인생의 최고의 브랜드
당신은 내 인생의 최고의 선택
한평생 샘물 같은 정을 주니
봉 잡은 거지
한평생 너무 깊은 사랑을 주니
봉 잡은 거지

봉봉봉 봉이야 봉봉봉 봉이야

요리조리 살펴봐도

그런 여자 다시없어 봉봉봉 봉이야

눈을 감고 생각해도

그런 여자 정말 없어

당신은 내 인생의 최고의 명품

당신은 내 인생의 최고의 자랑

한평생 샘물 같은 정을 주니

봉 잡은 거지

한평생 너무 깊은 사랑을 주니

봉 잡은 거지 봉 잡은 거지

내 남자

작사 김광련 | 작곡 김성봉 | 노래 송정임

내 사랑 깐깐한 남자
하루 종일 잔소리하는 내 남자
그래도 껴안아 주고
업어주는 내 남자가 멋있어
내 사랑 깐깐한 남자
하루 종일 귀찮게는 하지만
그래도 날 예뻐해 주는
내 남자가 이 세상에 최고야
미웁다가 고마운 사람
곱다가 미운 사람
그 누가 뭐라고 해도
내 남자가 이 세상에 최고야

내 사랑 깐깐한 남자

하루 종일 짜증 내는 내 남자

그래도 의리 있고

인정 많은 내 남자가 멋있어

내 사랑 깐깐한 남자

하루 종일 귀찮게는 하지만

그래도 날 아껴주는

내 남자가 이 세상에 최고야

무정하다 다정한 사람

다정하다 무정한 사랑

그 누가 뭐라고 해도

내 남자가 이 세상에 최고야

눈 내리는 날의 연가

작사 김광련 | 작곡 김백현 | 노래 김백현

첫눈 내리던 날
하얀 눈꽃 송이 받아 들고
사랑을 속삭이며 영원을 약속하던 그대여

차곡차곡 쌓인 그리움은
눈송이만큼 가득한데
그대는 아니 오고 칼바람 불어오네요

전선을 타고 흐르던
따스하던 그 음성 정겨운 그 눈빛
아직 내 가슴에 남아 있어요

난 오늘도 잿빛 하늘만 쳐다보며
그대를 기다리며
앙상한 겨울나무처럼 서 있습니다

추억 속의 그대

작사 김광련 | 작곡 김백현 | 노래 김백현

너와 나 까마득하게 잊고 살다가도
비 내리거나 눈이 내리면
추억들이 눈꽃 송이처럼 피어나
보고 싶은 마음 빗방울 수만큼 가득해
목마른 나무처럼 길 잃은 아이처럼
온종일 거릴 헤매인다

너와 나 오랜 세월이 흘러가도
서로의 마음 끝자락에는
차마 떨구지 못한 미련 한 가닥
사랑이 아닐 거라고 애써 고갯짓하면
어느새 눈가에 바닷물이 밀려와
일렁일렁 네가 걸려 있네

이별 후에

작사 김광련 | 작곡 김백현 | 노래 김백현

당신과의 사랑은 늘 이별 연습이었습니다
이젠 연습할 필요가 없습니다
이미 막 내린 슬픈 단막극이니까요

당신과 헤어지고 나면
메마른 낙엽처럼
아무 감정도 아무 감각도
없는 줄 알았어요
당신과 헤어지고 나면
가슴속 깊은 그곳
어느 누구도
들어오지 못하는 줄 알았어요
하지만 내 가슴은 여전히 뜨겁고
어느새 다른 이가 차지하고 있네요
당신이 머물다 간 자리
너무 크고 허전해서

잠시라도 나 혼자선
견딜 수가 없었습니다

당신과 헤어지고 나니
무지갯빛 사랑도
가슴 아픈 이별도 추억이더이다
하지만 내 가슴은 여전히 뜨겁고
어느새 다른 이가 차지하고 있네요
당신이 머물다 간 자리
너무 크고 허전해서
잠시라도 나 혼자선
견딜 수가 없었습니다
당신과 헤어지고 나니
무지갯빛 사랑도
가슴 아픈 이별도 추억이더이다
가슴 아픈 이별도 추억이더이다

가장 행복한 여인

작사 김광련 | 작곡 김성봉 | 노래 이루리

그대 내게 고운 미소 보내는 순간
한 송이 어여쁜 꽃이 되었네
그대 내게 달콤한 입맞춤 하는 순간
감미로운 솜사탕이 되었네

그대 내게 따스한 눈빛 보내는 순간
한 마리 예쁜 종달새 되었네
그대 내게 사랑을 속삭이는 순간
가장 행복한 여인이 되었네

그대 내게 살며시 손잡는 순간
아름다운 무지개가 되었네
그대 내게 정겨움게 다가온 순간
밤하늘에 작은 별이 되었네

아띠

작사 김광련 | 작곡 김기범 | 노래 박진희

아띠 아띠 내 사랑 오늘은 그댈 만나는 날
룰루랄라 기분이 좋아 기분 짱이야

아띠 아띠 내 사랑 지금 내게로 달려오네
두근두근 가슴이 떨려 나 어쩌나

친구처럼 연인처럼 다정스런 아띠 아띠
내 맘속에 꿈속에 언제나 네가 있어

눈빛이 고운 미소가 예쁜
사랑스러운 아띠 아띠
오늘 밤 우리 행복의 나라로 가요

아띠 아띠 너와 함께 무지갯빛 꿈을 꾸며
아띠 너와 함께 모닝커피 마시고 싶어

당신만은

작사 김광련 | 작곡 정음 | 노래 정음

세상의 모든 것이 변한다 해도
당신만은 변하지를 않겠지요
사랑이 요리조리 숨바꼭질해도
당신만은 그러지를 않겠지요
사랑을 믿지 않지만 남자를 믿지 않지만
당신만은 당신만은 믿고 싶어요
운명 같은 내 사랑 목숨 같은 내 사랑
두고두고 변하지 않도록
영원히 영원히 사랑하며 살아갈래요

거센 비바람이 불어온다 해도
꼭 잡은 손 놓치지는 않겠지요
이별의 아픔이 다가온다 해도
뜨거웠던 마음 잊지 않겠지요
사랑을 믿지 않지만 여자를 믿지 않지만
당신만은 당신만은 믿고 싶어요
운명 같은 내 사랑 목숨 같은 내 사랑
두고두고 변하지 않도록
영원히 영원히 사랑하며 살아갈래요

꽃길이 따로 있나

작사 김광련 | 작곡 정음 | 노래 노경희

꽃길이 따로 있나

우리 서로 함께라면 꽃길이지

비단길이 따로 있나

우리 함께 가는 길이 비단길이지

당신은 해가 되고 나는 달이 되어

천년만년 행복하게 살리라

꽃길이 따로 있나 비단길이 따로 있나

우리 둘이 함께라면 꽃길이지 비단길이지

꽃길이 따로 있나

우리 서로 함께라면 꽃길이지

비단길이 따로 있나

우리 함께 가는 길이 비단길이지

당신은 꽃이 되고 나는 나비 되어

아껴주며 사랑하며 살리라

꽃길이 따로 있나 비단길이 따로 있나

우리 둘이 함께라면 꽃길이지 비단길이지

건강이 최고

작사 김광련 | 작곡 정음 | 노래 정음

천하일색 양귀비도 내 몸 하나 아프면
아무 소용 없다네 건강이 최고라네
부귀영화 금수강산도 내 몸 하나 아프면
아무 소용 없다네 그림의 떡이라네
여보게 친구 우리 사는 날까지
웃으며 살다 가세 건강하게 살다 가세
한 번 왔다 가는 인생
멋지게 살다 가세 즐겁게 살다 가세

여우 같은 마누라도 내 몸 하나 아프면
아무 소용 없다네 건강이 최고라네
토끼 같은 내 새끼도 내 몸 하나 아프면
아무 소용 없다네 찬밥 신세라네
여보게 친구 우리 사는 날까지
웃으며 살다 가세 건강하게 살다 가세
한 번 왔다 가는 인생
멋지게 살다 가세 즐겁게 살다 가세

너만을 사랑해

작사 김광련 | 작곡 최계홍 | 노래 김지수

다정한 그 미소가 이제 나의 것 아닌 거니
따스한 그 눈빛도 이제 나의 것 아닌 거니
새하얀 눈송이가 송이송이 내려오던 날
달콤하던 그 긴 입맞춤을 넌 잊을 수 있니
아 어쩌면 좋아 난 아직도 널 사랑하는데
멀어져 가는 네 모습 보면
난 죽을 것만 같은데
내게 다시 돌아와 날 꼬옥 안아줘
사랑해 사랑해 내게 다시 돌아와
너만을 너만을 사랑해

뜨겁던 그 사랑을 다시 나눌 순 없는 거니
돌아선 그 마음을 다시 돌릴 순 없는 거니
새하얀 눈송이가 그날처럼 내려오는데
달콤하던 그 긴 입맞춤을 넌 잊을 수 없어
아 어쩌면 좋아 난 아직도 널 사랑하는데
멀어져 가는 네 모습 보면
난 죽을 것만 같은데
내게 다시 돌아와 날 꼬옥 안아줘
사랑해 사랑해 내게 다시 돌아와
영원히 영원히 사랑해
영원히 너만을 사랑해

나이트클럽에서

작사 김광련 | 작곡 이영환 | 노래 김지수

흔들흔들 고개를 흔들며
흔들흔들 우리 멋진 만남을 위해

흔들흔들 허리를 비틀며
흔들흔들 우리 찐한 사랑 위해

나이도 몰라 이름도 몰라
그건 중요하지 않아

지금 이 순간을 느껴봐
다 같이 즐겨봐

흔들흔들 이 밤이 새도록
흔들흔들 신나게 추는 거야

이 밤이 새도록 짜릿하게
흔들흔들 손을 흔들며
흔들흔들 우리 젊음을 위해

당신이 뭔데

작사 김광련 | 작곡 김청일 | 노래 김진호

당신이 뭔데 내가 왜 울어
냉정하게 떠난 사람인데
당신이 뭔데 못 잊을까 봐
내 가슴에 상처 준 사람인데

한때는 정말 사랑했었고
목숨보다 소중했었다
달콤했던 그 입술 뜨겁던 그 눈빛
이제는 모두 잊었다

당신이 뭔데 사랑이 뭔데
이제 다시 사랑은 하지 않을래
당신이 뭔데 내가 울까 봐
어차피 떠나간 사람인데

바람의 여인

작사 김광련 | 작곡 윤도 | 노래 윤도

바람이 불고 낙엽이 지는
이 거릴 나 홀로 걸어가면
내 눈가에 아련히 젖어 드는
이 밤도 그대는 안 오시려나

달빛 흐르는 고운 밤이면
목이 메이게 불러보는 그 이름
바람이 그대를 데려다 주리라
추억이 사랑을 불러오리라

아 그대는 나에게 무엇이길래
이토록 가슴 저미나
사랑이여 다시 한번 이 가슴에
아름다운 꽃을 피우리라

나 이제 슬프지 않아요

작사 김광련 | 작곡 노수광 | 노래 이경이

나 이제 슬프지 않아요
창밖에 비가 내려도
나 이제 슬프지 않아요
그대 나를 떠난다 해도

한 잎 두 잎 떨어지는
나뭇잎을 보면서
때가 되면 떠나야
한다는 것을 알았어요

나 이제 슬프지 않아요
그대 떠난다 해도
나 이제 아프지 않아요
이별이 찾아와도

나 이제 잊을 수 있어요
나 이제 잊을 수 있어요

Part 4

미발표곡

인생역

작사 김광련 | 작곡 한기철

청춘이라는 역에서 당신을 만나
사랑이라는 역에서 행복했었다

세월이라는 역에서 당신을 보내고
추억이라는 역에서 그리워하네

유수 같은 세월 아옹다옹 살다 보니
어느새 인생의 종착역이 보이네

뒤돌아보면 하루하루 꿈같은 세월
아 이만하면 나 잘 살았노라고 말하리

저 노을처럼 아름다웠노라고
당신에게 말하리 당신에게 말하리

사랑의 오작교

작사 김광련 | 작곡 한기철

님아 님아 청사초롱 불 밝히고
님아 님아 사랑의 오작교로 오세요

별빛 달빛 고운 밤 쓰리 살짝 우리 둘이
얼싸안고 춤을 추며 두리둥실 놀아보세

좋구나 좋아 박꽃같이 예쁜 내 님아
좋구나 좋아 달덩이같이 고운 내 님아

이 밤이 새도록 뜨겁게 사랑해 보세
천년만년 영원토록 사랑해 보세

은하수 다리 건너 사랑의 오작교에서

사랑은 마술처럼

작사 김광련 | 작곡 한기철

사랑을 하게 되면
호박 꽃도 장미가 되고
이 세상 모든 것이
아름답게 보여요

그대는 너무 아름다워
별빛처럼 빛나고
사랑은 정말 신비로워
마술처럼 찾아왔어요

수많은 나날 그댈
기다리고 기다렸어요
행복합니다 그대라서 행복합니다
나의 전부를 다 주어도 아깝지 않아요

사랑합니다 그대만을 이 세상 끝까지
사랑합니다 영원토록 그대 하나만을

얼컹 덜컹

작사 김광련 | 작곡 한기철

파란 하늘에 구름 한 점 없다면
제아무리 아름다워도 무슨 재미가 있나
좀 모자라면 어때 좀 부족하면 어때
옥에도 티가 있고 제 눈에 안경이지
잘나고 못나고 사는 게 별거 없더라
있으면 있는 대로 없으면 없는 대로
얼컹 덜컹 함께 어울려 사는 거지
인생이란 다 그런 거지

완벽한 사람도 허점 하나 없다면
제아무리 아름다워도 무슨 매력이 있나
좀 모자라면 어때 좀 부족하면 어때
옥에도 티가 있고 제 눈에 안경이지
잘나고 못나고 사는 게 별거 없더라
있으면 있는 대로 없으면 없는 대로
얼컹 덜컹 함께 어울려 사는 거지
인생이란 다 그런 거지
사는 게 다 그런 거지

이왕이면

작사 김광련 | 작곡 한기철

사랑은 알고도 속고 모르고도 속고
눈 딱 감고 한 번 눈뜨고도
한 번 속아 주는 거지

인생도 알고도 속고 모르고도 속고
눈 질금 감고 눈 뜨게 뜨고
그냥 넘어가는 가지

너 잘났네 나 잘났네 해봤자
도토리 키 재기 하지
이러쿵저러쿵 해봤자
유수 같은 세월만 흘러가지

이왕이면 이왕이면 이 세상에 왔으니
즐겁게 살다 가야지 한 번뿐인 내 인생

후회 없이 살다 가야지
즐겁게 살다 가야지

양산 아가씨

작사 김광련 | 작곡 한기철

오봉산아 달빛 어린 임경대야
너는 알고 있니
양산천아 별빛 어린 영대교야
세월 따라 가버린 님 소식을

낙동강을 품에 안은 임경대에서
그 님과 손가락 걸며 맹세한 그 약속을
지금은 어느 님의 품에 안겨
나를 잊었나

통도사에 홍매화 피면
천성산에 억새꽃 피면
오시려나 양산 아가씨
오늘도 기다리는 양산 아가씨

여보게 친구

작사 김광련 | 작곡 한기철

여보게 친구 오랜만 일세
반갑다 사랑하는 친구야
오늘같이 비가 내리는 날
술 한 잔 어떤가
여보게 친구 인생이란
알다가도 모르겠어
무지개 떴다 또
천둥번개 치니 말일세
짧다면 짧고 길다면 긴
우리네 인생
여보게 친구 잔을 높이 들어
건배를 하세
아름다운 우리의 내일을 위해
친구야 브라보

하나뿐인 내 친구야

작사 김광련 | 작곡 한기철

친구야 밥은 잘 먹고 다니니
어디 아픈 데는 없니
힘이 들면 전화해 내 어깨 내어줄게

친구야 사는 게 재미가 없니
애인이 떠난 거니
술 생각나면 전화해 언제라도 달려갈게

개구쟁이처럼 함께 한 우리가 아닌가
잘난 척 못난 척해도 흉 될 것이 없잖아

친구야 한번 왔다 가는 인생
멋지게 살다 가자 폼 나게 살다 가자
하나뿐인 내 친구야 둘도 없는 내 친구야

그대에게

작사 김광련 | 작곡 최종혁

시간은 우릴 기다려 주지 않아
빛의 속도로 달려가지

계절은 우릴 기다려 주지 않아
눈 깜박할 사이 지나가지

가는 세월이 야속해라
사랑할 시간 많지 않아

보기만 해도 아까운 사람
고생만 시켜 미안한 사람

이제부터 나 당신을 위해 살겠소
이 마음 다해 그댈 사랑하오

언제나 내 편

작사 김광련 | 작곡 한기철

무슨 일이 있어도 어떤 일이 있어도
언제나 당신 내 편이래요
조금은 부족해도 조금은 모자라도
언제나 당신 내 편이래요
아 그런 당신 너무 좋아
아 그런 당신 너무 사랑해
어디에서 이런 복덩이가 왔을까요
그 누가 뭐라 해도 나를 믿어주는 사람
어디 가서 이런 멋진 사람 만날까요

화장하지 않아도 맵시 나지 않아도
언제나 당신 최고라네요
비바람 불어와도 눈보라 휘날려도
언제나 당신 지켜주네요
아 그런 당신 너무 좋아
아 그런 당신 너무 사랑해
어디에서 이런 복덩이가 왔을까요
그 누가 뭐라 해도 나를 믿어주는 사람
어디 가서 이런 멋진 사람 만날까요

왔구나 왔어

작사 김광련 | 작곡 한기철

왔구나 왔어
호박이 넝쿨째 굴러왔어
왔구나 왔어
어디서 이런 복덩이가 왔어

좋구나 좋구나 이렇게 좋구나
하늘에서 내려왔나 땅에서 솟았나

얼싸둥둥 내 사랑이로구나
내 손이 되고 내 발이 되어주니
천생연분 내 사랑이로구나

왔구나 왔어
내 인생 따스한 봄이 왔어

좋구나 좋구나 이렇게 좋구나
내 인생 봄이 왔구나

꽃의 소원

작사 김광련 | 작곡 최종혁

꽃비가 내리는 어느 화사한 봄날
우리 처음 만난 날을 기억하나요

서로의 가슴에 별이 되었던 그날
온 세상이 꽃향기로 가득했지요

생각해 보니 가시밭길 꽃길도
그대 있어 모든 순간이 행복이었소

단비가 내리는 어느 따스한 봄날
우리 함께 저 하늘로 여행 떠나요

영원한 사랑

작사 김광련 | 작곡 최종혁

언젠가 내가 당신을 알아보지 못해도
여전히 당신은 날 사랑하시겠죠

언젠가 당신이 나를 기억하지 못해도
여전히 난 당신을 사랑할 겁니다

새털처럼 수많은 나날 아름답던 그 추억
때론 울기도 하고 때론 웃기도 했죠

여보 두려워 말아요 걱정하지 말아요
남은 인생 손발이 되어 함께 갑시다

가시밭길 꽃길도 우리 함께 갑시다

그런 사람이 있습니다

작사 김광련 | 작곡 최종혁

그런 사람이 있습니다

어느 누구에게라도 보여주고 싶은

그런 사람이 있습니다

지나가는 바람에게도 자랑하고 싶은

바다 같은 마음과 하늘 같은

사랑을 주고 싶은 사람

아무에게라도 막 자랑하고 싶은

그런 사람이 있습니다

그런 사람이 있습니다
내 마음 깊은 곳에 꼭꼭 가두고픈
그런 사람이 있습니다
그 눈 속에 영원히 머물고 싶은
부르면 언제라도 달려와
내 안에 세상 된 사람
보고 돌아서면 또 보고 싶은
그런 사람이 있습니다

커피 향 같은 사람

작사 김광련 | 작곡 최종혁

창밖에 하염없이 비가 내리면
어김없이 당신 생각이 납니다
감미로운 사랑을 전해 준 당신은
그윽한 향기로 내게 남아 있습니다
따스한 커피를 마시듯
그리움 한 스푼 추억 한 스푼
눈물 한 스푼 넣어 마시고 나면
당신의 향기가 온몸을 감싸고돕니다
커피 한 모금에 당신의 미소가
커피 두 모금에 당신의 목소리가
커피 세 모금에 당신의 향기가
그리고 마지막 한 방울 눈물방울이

해와 달

작사 김광련 | 작곡 김창수

다가서면 안 될 사람
품어서도 안 될 사람
돌아서는 내 가슴에
흐르는 한줄기 눈물
뒤돌아보지 말자
눈물도 흘리지 말자
입술을 깨물어도
그리움 가눌 길 없네
구름이 달을 품듯이
꽃이 나비를 품듯이
날이 가고 달이 가도
사랑은 변함없는데
그대와 나는 사랑해선
사랑해선 안 될 사람
해와 달처럼 만날 수 없어도
사랑은 아름다워라

본드 같은 사람

작사 김광련 | 작곡 김성봉

우리 사랑에는 유통기한이 없어
방부제를 넣지 않아도 변치 않는 사랑
우리 사랑에는 유통기한이 없어
긴 세월 흘러가도 영원한 우리 사랑
세상이 뭐라고 해도 괜찮아
사람들이 뭐라고 해도 괜찮아
거센 비바람이 불어와도 괜찮아
우리는 강력한 본드처럼 찰싹 달라붙는
그런 사랑을 할 거야 그런 사랑을 할 거야
하늘처럼 푸르른 사랑을 할 거야

우리 사랑에는 공휴일이 없어

일 년 삼백육십오일 변치 않는 사랑

우리 사랑에는 공휴일이 없어

보고 또 보아도 보고픈 우리 사랑

세상이 뭐라고 해도 괜찮아

사람들이 뭐라고 해도 괜찮아

거센 비바람이 불어와도 괜찮아

우리는 강력한 본드처럼 찰싹 달라붙는

그런 사랑을 할 거야 그런 사랑을 할 거야

하늘처럼 푸르른 사랑을 할 거야

사랑의 보증금

작사 김광련 | 작곡 김성봉

어느 날 은근슬쩍 허락도 없이
가벼운 마음 하나 달랑 들고 와
내 안에 주인 행세하시는 당신
영구임대하시는 줄 알았어요
하지만 당신은 사글세군요
보증금 받아 놓을 걸 그랬나요
바람처럼 사라질지 어찌 아나요
행여 가시려거든 권리금은 주고 가세요
내 영혼의 수수료도 두둑이 주고 가세요

어느 날 은근슬쩍 허락도 없이
무거운 마음 하나 내게 남기고
나그네처럼 떠나시려는 당신
영구임대하시는 줄 알았어요
하지만 당신은 사글세군요
보증금 받아 놓을 걸 그랬나요
바람처럼 사라질지 어찌 아나요
행여 가시려거든 권리금은 주고 가세요
내 영혼의 수수료도 두둑이 주고 가세요

당신이 약이야

작사 김광련 | 작곡 김성봉

내가 내가 아플 땐 당신이 약이야
십전대보탕보다 당신이 보약이야
내가 내가 힘들 땐 당신이 약이야
천년 먹은 산삼보다 당신이 명약이야
당신 미소만 보면 없던 힘도 나는 걸
당신 손길만 스치면 함박꽃이 피는 걸
나 지금 당신이 필요해 내게 와 줘
세상 그 어떤 약도 아무 소용 없어
오직 당신 사랑만이 나에겐 약이야

내가 내가 아플 땐 당신이 약이야
십전대보탕보다 당신이 보약이야
내가 내가 힘들 땐 당신이 약이야
천년 먹은 산삼보다 당신이 명약이야
잠시 잠깐 전화 안 오면 눈물 나는 걸
하루만 못 보아도 병이 나는 걸
나 지금 당신이 필요해 내게 와 줘
세상 그 어떤 약도 아무 소용 없어
오직 당신 사랑만이 나에겐 약이야

가슴에 묻을 사랑

작사 김광련 | 작곡 김창수

이별이 손짓을 하네
눈물이 앞을 가려도
차가운 바람처럼
냉정히 돌아서 가네

아무리 애원을 해도
이제는 안녕이라고
그 님은 떠나가네
가슴은 찢어지는데

아 바람아 거세게 불어라
우리 님이 떠나지 못하게

이별이 손짓을 하네
추억이 가로막아도

이제는 잊어야지
가슴에 묻어야겠지

꽃잎에 눈빛 맞추며

작사 김광련 | 작곡 박상훈

내가 있는 그 어디라도
한 폭의 그림이 되어주고
내가 가는 그 어디라도
아름다운 풍경이 되어주는
그런 사람이 내 곁에 있어
나 얼마나 행복한지 몰라요
흐르는 구름처럼 흐르는 강물처럼
바람에 귀 기울이며 꽃잎에 눈빛 맞추며
우리 그렇게 사랑하며 살아요
소중한 내 사람이여 아름다운 내 사람이여

당신 있는 그 어디라도
따스한 햇살이 되어주고
당신 가는 그 어디라도
한 줄기 빛이 되고 싶은
그런 사람이 내 곁에 있어
나 얼마나 행복한 지 몰라요
흐르는 구름처럼 흐르는 강물처럼
바람에 귀 기울이며 꽃잎에 눈빛 맞추며
우리 그렇게 사랑하며 살아요
소중한 내 사람이여 아름다운 내 사람이여

땡초 같은 여자

작사 김광련 | 작곡 박상훈

사랑할 땐 누구보다 화끈한 여자
토라질 땐 땡초같이 톡 쏘는 여자

병도 주고 약도 주는 얄미운 사람
매콤달콤 새콤달콤 예쁜 내 여자

처음 본 그 순간 나는 나는 알았지
사랑 많고 정도 많은 여자라는 걸
그 사랑에 포로가 될 것이라는 걸

밉다가도 돌아서면 또 생각나는
보고 싶은 내 사랑 땡초 같은 여자